# LOS POEMAS DE NCAR MESMERI

## ROBERTO NET CARLO

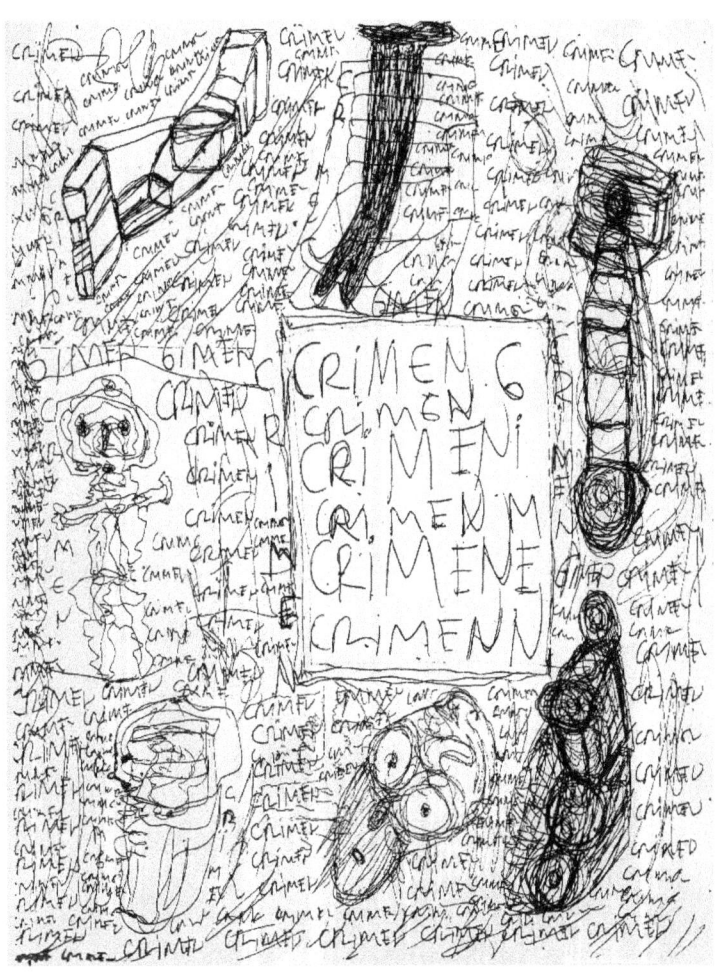

LUNA BISONTE PRODS
2023

# LOS POEMAS DE NCAR MESMERI

*para John M. Bennett*
*Poeta de Poetas*

Imágenes, poesía y poemas visuales
© Roberto Net Carlo 2023

ISBN 9781938521966

https://www.lulu.com/spotlight/lunabisonteprods

**LBP**

**LUNA BISONTE PRODS**
137 Leland Ave.
Columbus OH 43214 USA

# 1

Ver ve veve veo vi viva verdad rota lo RO
de todo todo en tuerca puerca imagen de
un NosotROS buscando bucaneros de Eros
en la solapa lapidosa del tiempo un lápiz la
boca el llanten de ellas fuentes selvas celdas
celulares vaginosos los lares de las caricias
funebres en la cara de un depilado amanecer
                                           El varetazo
del azar a todos despierta la realidad un infinito
ad libitum libido de estrellas dáctiles la administración
pública los sexos hechos de adobe mas adjetival sorpresa
mas la doctrina neodoctrinal  y los trinos prometidos
a juanetes niños la aerografía del cuerpo es la autobiografía
de un gemido
                que pronostica
el aparatoso final del beso en la M de la nada
la M del subir y el cerrar
M sobre ruedas cartomantícas
M de los cartuchos en las nalgas de la mamífera
sorpresa
como quien espera buena fortuna
tras el duelo transnacional de los imperios
del momento
los imperios del ahora
los tanques que disparan balas en esperanto
esperando esperando espera  aojado
el azucarado fin de Todo

## 2

Las basuras son

mis dedos

en mi frente

una calle de libros

que une negrura hirsuta

a la belleza rapaz del mundo

cuando el ob se vuelve bob

y el be es bo y el bo

be bop

be bop

descienden los sonidos

al fondo de un infierno mujeroso

sonreían entonces las arenas

del coito empalagoso

mi vida era un diente en un agujero

que susurraba mmm a los pájaros

que llamaré urracas por  no decir fango

o sombraclito de invisible orgasmo antihumano

lo que he visto en mi oído

y vivido viudo de gluteos

a las afueras del zombiparaíso

en el interior del basurero que

me obligaba ser ombligo de

madre desconocida

exdura en los archivos

del contagio y la contabilidad

de absurdos necesarios
para ser feliz en una de las
colonias más antiguas de
este mundo
por eso estoy todo hueso chueco
y me siento bien
be bob be bop
reciclando los residuos
de una rrr sin revolución



3

las sorpresas detenidas en las s's de los q
ssueñan no soñar loss soñalotodos del signo
prohibido proyectado en bocass abiertass es
perando lo imposible llamado juan
la es
pera consumada en una pera rancia
una perra mancia indomesticada q
mastica los ojos de reciénacidoss
los nidoss de los pajaaaross convertid
osss en versssiculoss biblicoss la nadadi
dad de nuestros deseos borran las s's del mapa
juan se llamarán los sellos y soldados del futuro
asi sellado el q dirán de los espejos en las
palmas de las manos
de chicas vestidas de elefantes

o sopresa detenida en los pantis
de un suicida
las s's suspirando por lo imposible
que es ser pedro cuando te llamas juan

4

akar akar akar el mundo mondi
akar mondi casón la tertulia catapulta
la culta sensación de lo oculto
en el akar driñoso que contiene
un juego de fotografías como
un casquillo entre los dientes
un loquillo yo un casquivano portador
de buenas noticias el pleonasmo
de los que se gigen por un sistema
desconocido de marcas maracas
cáscaras catarros mientras algún
gráfico refugio servía de vía para
desnaturalizar la realidad desnacionalizarnos
con el haz lo que te venga en gana
porque todos sabemos el amor
fue un famoso gánster
y las madres son abstractas
cuando vamos desnudos al cine
allí donde la mente forma el akar
del mundo mondi

## 5

cripta mar sábana

una una una una una

sabiduría llamada sabandija

qué cripta tu piel eliga

lija el mar a sabiendas

que al final todo se vuelve

una una una una una una una

tienda

donde sólo comprarás

soplos de soledad

para adquirir el sabor

a órgano clásico

en forma deliberada

de cultura enfática

que malvive explotando

a los trabajadores en la

fábrica como un soneto

fácil de entender cuando

estás ebrio en el zaguan

vomitando alma las tripas

pensando en el canto de

las salamandras

las escopetas

las maderas

las sombrillas

etc

entonces

la munda mundo

te viene a ver

y te percatas

que Berrios

se llama

el que ve rrios

en el rrio del futuro

y ése tu no erres




**6**

la la la de e la la la m de la la la

m de la la la la la la adejtival

la la la de forma e e e

la la la seca el y de yo

yo y el lo lo de la la la

digamos diga dolores

los dolores de la la la

las flores de la la la

los colores de la la la

los cojones de la la la

la la la la apropiarse del

uni universo

la la la apropiarse de todos

los versos del uni universo

todos los la la la del universo

uní la la la a li li li y salí en un

lo lo lo como en rrrrrrrrrrrrrrr
la chica la la la chica linda la la la
linda la la la chica la la la lin lin lin
pero todo es relativo a la voluntad
confundir uno entre gentes el la la la
del donde con el lu lu lu de ahora


**7**

alguien su

nos unimos al dolor

más sentido

y que entra al agua

siente casa

esto representa un riezgo

casa alguien

para todo aquel que utilize

finalmente

el pasillo

hecho realidad

como múltiples quejas

día sobrenatural lluvioso

de perros

y relámpagos babosos

que de alguna manera

siéntete casa

afectan la comunidad

casa alguien

su animalito

entre seres

ese olor tan peculiar

dan más sentido

resulta desagradable

en seres

e incómodo para

dar más

algunas personas

sentido en casa

síntoma de malestar

cada uno sentido

físico

un ser dentro

como las escaleras

de lo mejor



## 8

Conecta a Puerto Rico
con personas deshidratadas
No hay hielo almacenado
Tu alma no ha sanado

Caguas

en Cupey

con Hato Rey
de Hato Tejas
sin
Bayamón

Cargarán la monoestrellada
personas deshidratadas

Neveras prendidas bailan
con síntomas

Sin tomar agua
pronto morirás
en la megatienda
que te da más

Ríos cagarán la monoestrellada
Ríos de sangre patria
como ola de calor
nos dará la libertad

En galerías esnobs renovadas
los salubristas
entre arteslogan
nos regalarán
aire fresco
mientras
enseres y electrónica

carbonizarán tu genitalia
como
libros tirados a la basura
por el banco
es la vida real del / la poeta

## 9

llega / llega / llega / llaga /
llega / llega / manzana / llega / llaga /
llega / llega / verde / llega llaga / llega /
llega / llega / escuela / llega / anal / llega /
la inexistente primavera /
la insistente primavera /
la resilente primavera /
la primera primavera /
llega / llega / llega /
llega / llega / llega /
cosa buena con cosa mala /
llega / llega / llega /
la palabra / llega / llaga / llega /
la palabra / verde / llega /
todo llega / llega / llega /
a quien no lo espera / llega /
todo llega / llega / llega / llega /
llega / llaga.

quíen soy ¿ ?

escanéame

escanéame

escanéame

escanéame

escanéame

escanéame

quién soy ¿ ?

sensible

sensible

sensible

sensible

sensible

sensible

sensible

¿sensibilidad anal?

escanéame

escanéame

escanéame

escanéame

escanéame

quién soy ¿ ?

soy AI

**11**

pensar / claro / escanear /

escanear la claridad /

la reclaridad del escaneo /

es claro / no raro / más y más

combinar pensar con actuar /

o deletrear la acción /

en el escaner del deseo /

el deseo del escaner

claro / hará algo en los

nervios de la gente

que viven con fecha

de vencimiento /

el aviso de suspensión

de la realidad / el escaner sueña /

el verdadero jaker es el poeta /

sin programación.

**12**

"Me has hecho llorar, qué sensibilidad, qué profundidad, qué "
)yo hago cacapoesía(
"dominio de la palabra, sé que pensabas en mí, me veo reflejado en"
)Yo hago cacapoesía(
"cada uno de los versos. Gracias por llevarme atado a tu cordón"
)yo hago cacapoesía(
"umbilical."
)yo hago cacapoesía
todos los diás
pensando  eres el mingitorio
de la inmortalidad(

**13**

qué hacer

si tu padre

es tu abuelo

castrarlo primero

matarlo después

## 14

ül
ül
ül
ül
ül
ül
ül
ül
ül
ül
ül
ül
todo es ül

ül es todo

ül significa poesía

en mapuche

## 15

Vi decir
Juan Ponce de León
Nos enseñó a soñar
Por su búsqueda
De la Fuente de la Juventud

Seguro los tainos
No estarían de acuerdo
Con ese video del
Instituto de Cultura
Puertorriqueña
+++++++++++++
La poeta dijo
Juan Ponce de León
Nos enseño a soñar
Al buscar la Fuente
De la Juventud

Yo digo
Juan Ponce de León
Le enseñó a soñar
Pesadillas a los tainos

Afortunadamente
El susodicho nunca encontró
La dichosa Fuente

La Fuente de la Juventud
Es ül

Ül significa poesía
En mapuche

**16**

lalalalalalalalalalalalalalala

la hor la mue

la mue la hor

lalalalalalalalalalalalalalalala

la mue la hor

la hor la mue

lalalalalalalalalalalalalalalala

hor hor hor hor hor hor

mue mue mue mue mue

mue mue mue mue mue

hor hor hor hor hor hor

la mue la hor la hor la mue

la

ue ue ue ue ue ue ue ue ue

hor hor hor hor hor hor hor

muuuuuuuuuuuuuuuuuuuu

ooooooooooooooooooooor

re re reeeeeeeeeeeeeeeeee

hor hor hor hor

mue mue mue

hor hor hor hor hor hor hor

mue

ho oooooooorrrrrr hor

mue mue mue mue mue

hor

mu mue mu mue mue mue

mue mue mue mue mue

hor hor hor hor la hor hor

mue  mue mue la mue mue

mue mue mue  hor hor hor

la hor

aaaaaaaaaaaaaaaaaaaaaaaa

la mue

rrrrrrrrrrrrrrrrrrrrrrrrrrrrrr

teeeeeeeeeeeeeeeeeeeeee

la hora

la muerte

## 17

poeta sobre muerto

muerto sobre poeta

la muerte es otra canción

de amor

## 18

Un geógrafo con la fuerza suficiente

para condicionar nuestro sistema de creencias.

todo　　　　los　　　　que

mos　　　　encontrados　　　en

dujeron　　　y　　　　habitaron

| | | |
|---|---|---|
| mo | condicionar | nuestro |
| sin | embargo | pasado |
| terminaban | siendo | descartados |
| tros | cuestionamiento | internos |
| dad" | incompatible | con |
| los | mismos | o |
| dejaban | de | simplemente |
| en | cualquier | serlo |
| nido | como | conceptos |
| mos | de | pronto |
| barco | y | dejaban |
| de | trazar | deriva |
| Mientras | escribo | posibilidades |
| de | de | confiable |
| Ex- | viajes | esto |
| en | con | por |
| contró | montañas | un |
| gistro | | libro |

Un poeta con la fuerza suficente
de condicionar nuestro sistema de creencias

Y aquellos dejaban de ser Dueños
de nuestros sueños, los ricos.

Un poema nunca será lo suficientemente político.

ador

ador

ador

dora

dora

dora

ador dora

ador dora

ador dora lo adocenado

como adonay

está en la dona

que cuando la muerdes

grita Ay

esa dona es adonay

compay esa dona es adonay

pero ahora

adónico alguien

quiere apropiarse

de lo adjetival

es tal vez un cambio de mentalidad
que está en la adolescencia
haciendo mezcla de sacramentos ortográficos
a diario en el bar de la esquina
alguien quiere admnistrar tu soledad
sacudir el polvo de tu adoquín carnoso
adónico tactil adondequiera mete el dedo
buscando la membrana de un adonis

porque todo va unido a algo
eso es unidad familiar
lo familiar con nombre de compañia
como un hombre de raíz amarga
que conoces desde niño y llamas papá
o el signo cariñoso dependiente
de ciertas enfermades mentales
a cuales no deseas sucumbir
donde hay un edificio parecido
a una paloma
y una paloma parecida a un edificio
no es la paloma de la paz
sino la de la industria que va
a destruir nuestro mundo próximamente
recuerdo el conjuro de los columpios
recuerdo la poca frente y mucho fondo
recuerdo el fondo de lo mucho
recuerdo colorir lo oscuro
lo oscuro que tanto se me parece

mientras los jardineros desmenuzan
los terrones o los terrores o los temblores
de las flores de eros
los jardineros recuerdo entrando en coma
a la llegada de la primavera

ador ador ador
olvido
dora dora dora
lo adocenado
que es cada uno
combinado con otro

pero hay una criatura
vendiendo géneros permutados
en el fondo de uno mismo

se llama adonay


## 20

todo gri
gri todo
to gri todo
ri gri lo
la formi

busco perdición

de la ra

zón

formi

dable

hablé

de na

da

me esperan

extra

ños

en la are

na

todo cam

bia ,todo gri

en ri,todo odo

ogro

logro nada

en cada cara,

mi vida

es un neoema

que nadie ha es

crito,todo gri.

lo crito

es ri con

migo

una miga de olvido

amiga de mi ombligo

el cariño

de la au

sencia

por la e

sencia

del del

irio


**21**

figura de yeso
vagabundo
expresión sin hacer nada
ser algo
ser Tarraconense,que comprendía
parte de las actuales provincias de
Palencia,Valladolid y Zamora
del sentido breve y pasajero
desde la serviola al tajamar
llanto recíennacido
servido en la mesa
es extraño como la
explicación de este
mundo en otro
son las mujeres la
espalda del enemigo
tecnología de efectos remotos

los bolsillos rotos de los psicologos
toda una política que interroga a la
muerte..desasido los límites del tiempo
...el sida de la eternidad
hablan de puertas dibujadas
en cemento de semen quinciañero
quienes hablan de música salivosa
en la funeraria de los héroes
expresión de ser algo
sin hacer nada


## 22

Valva Valva Valva Valva Valva
que debe ser firme
que debe firmar cual ventalla
cuando suena un vals entre
murciélagos y el vicio de la mesa
se lanza sin miedo a los peligros
Valva Valva Valva Valva Valva Valva
el lenguaje contiene un puño oculto
por esos los héroes han de morir
como premio que da el maestro
al discípulo ...las conchas hablaran
en compás de 3 por 4 o de 3 por 8
y el mismo email será un molusco
el poeta un lamelibranquios y el arte

materia de invertebrados antimate-
máticos Valva Valva Valva Valva

**23**

Balbuceos Primicias Vallijas Balazos

La verdad es que los niños no nacen para
ser felices

Valla Calle Muérdago Gago Fontanela

Los malos pensamientos te harán regresar
a Moca

Castillos Vahidos Piano Girafas Hongos

Hongos Hongos Hongos Hongos Hongos
Hongos Hongos Hongos Hongos Hongos

Lisergicos

Las palabras no existen
Las palabras no existen

Aparecieron entonces unos pájaros
que sólo querían hacer preguntas

Caminar conspirando amistad y ruina
Aviso luminoso de dama con bigotes
Sinceramente tienes que darte cuenta
Todos son unos idiotas

desamparada piel
piel parada por llanto
aullan los pasos sin reloj
las moscas del sentido superior
la carne a la náusea unida
abjuro de todas las armonías
la libertad es la forma general
de lo extraño
la misión del poeta
es destruir a la
civilización occidental


**24**

condiciones
arena
arañas
parricidio
sendero
el azar forma lo fluyente
la roca tiene un ojo
donde la luna sale

todas las cosas están
llenas de alusiones mitológicas
instinto
inventiva
urticaria
charlar con los espíritus
dentro de cien años
el juego se nutre del intruso
y el miedo del padre todopoderoso
yo soy el huérfano de la lluvia
llegan golpean me recogen la poli
la poli es un símbolo fálico
vuelto rocío en el ano
la inocencia entonces de
nosotros se ríe
la madre mezcla el semen
de hombres distintos
para mejorar la estirpe
antes de untarselo en
su apertura cósmica
la homogeneidad
como gallina que
defiende a sus chamaquitos
del capitalismo

## 25

en Puerto Rico
si un artista no habla inglés
no es artista

en Puerto Rico
si un poeta no habla inglés
no es poeta

en Puerto Rico
si un artista no habla inglés
es más que un artista

en Puerto Rico
si un poeta no habla inglés
es más que un poeta

en Puerto Rico
si un artista no habla inglés
es más que un poeta

en Puerto Rico
si un poeta no habla inglés
es más que un artista

| | |
|---|---|
| Varadura | Vagina |
| Varal | - Vagina |
| Varar | Vagina |
| Varaseto | Vagina |
| Varazo | Vagina |
| Varbasco | Vagina |
| Vardasca | Vagina |
| Vardascazo | Vagina |
| Várdulo | Vagina |
| Vareador | Vagina |
| Vareaje | Vagina |
| Varear | Vagina |
| Varejón | Vagina |
| Vareo | Vagina |
| Vareta | Vagina |
| Varetazo | Vagina |
| Vargueño | Vagina |
| Varí | Vagina |
| Variabilidad | Vagina |
| Variable | Vagina |
| Variación | Vagina |
| Variado,Da | Vagina |
| Variar | Vagina |
| Várice | Vagina |
| Varice | Vagina |

Varicela      Vagina
Varicoso,Sa   Vagina
Variedad      Vagina
Varilla       Vagina

## 27

vagina imagina vagina

vagina imagina vagina

vagina imagina vagina

pene imagina vagina

pene imagina vagina

vagina imagina vagina

vagina imagina no pene

vagina imagina vagina

vagina imagina vagina

vagina imagina vagina

pene imagina vagina

vagina imagina no pene

vagina imagina vagina

**28**

el niño dice cabrón

el astronauta dice cabrón

el barrendero dice cabrón

el pizzero dice cabron

la maestra dice cabrón

la pizarra dice cabrón

el borrador dice cabrón

el lápiz dice cabrón

el pedofílo dice cabrón

el panadero dice cabrón

el cabrón dice cabrón

la tarde dice cabrón

el mar dice cabrón

el carbón dice cabrón

la mentira dice cabrón

la verdad dice cabrón

la ira dice cabrón

la rosa dice cabrón

la risa dice cabrón

la prisa dice cabron

la brisa dice cabrón

el suicida dice cabrón

el ladrón dice cabrón

el policía dice cabrón

la canción dice cabrón

el epitafio dice cabrón

el cabrón vuelve y dice cabrón

la lotería dice cabrón

petra bravo dice cabrón

el gobernador dice cabrón

el senador dice cabrón

el legislador dice cabrón

el anarquista dice cabrón

el reportero dice cabrón

el can dice cabrón

el gallo dice cabrón

la candidata a miss universo dice cabrón

puerto rico entero dice cabrón

el tiburón blanco dice cabrón

el unicornio azul dice cabrón

la oscuridad dice cabrón

el amor dice cabrón

el vendedor de periodicos dice cabrón

el asesino en serie dice cabrón

el verso dice cabrón

el anonimo dice cabrón

el poeta dice cabrón

alguien invisible dice cabrón

el beso dice cabrón

el hueso dice cabrón

el yeso dice cabrón

la flor dice cabrón

el corazón dice cabrón

el espejo dice cabrón

todos dicen cabrón

menos yo



**29**

Contrario empaquetar

hacer pacto con un cojín

de otro modo

        abrirse

        bajar horas extraordinarias

        orgánico pintar un edificio

        gubernamental con caca humana

        está muy hecho

        sorprender

        modo de ver

        la realidad

        oxígeno decorar

        con piel de huérfano

        rellenar dolor

        en un cubo de papel

        jadear sin los calzoncillos

           puestos

Acariciar

        lo sólido de una sonrisa

Suponer

        que rápido termina

        el show

        bajando el zipper al muerto

**30**

Ncar Mesmeri

los chupones
el decir q nada dice diciendolo todo
los chupones de nuevo
intervienen con la comida y los ojos
de la comida la comida de los ojos
tú comes con los ojos los ojos comen
los labios  los platos llenos de dientes
los dientes en las manos el placer de

Ncar Mesmeri

la perturbación la canalización de
la perturbación
la perturbación chupando de nuevo
el cerebro
el nuevo cerebro perturbado
canaliza el tiempo de la recuperacíon
los días son concavos las noches taladros
q penetran el pensamiento de

Ncar Mesmeri

Ncar Mesmeri

Ncar Mesmeri

shhhhhhhhhhhhhh!

**31**

ser fuera
como ser fue
fuerza ser como
el ser adobo del
ser antojo es un
yo dentro del ojo
de otro que no ve
el ser al ver el no
de todo en modo
turista es la avión
de todos el
capitalismo
que se estrella
contra el cemento
boricua
en luna de
huracán

**32**

la lírica es
para levantar
objecciones
a la realidad
melindres en
forma de s
la lírica
descamina
el camino
trillado
hace gragreas
mata policías
la lírica
vía agonía
razonable
puede llamar
al azar en
busca de
ayuda
la lírica
que busca
ayuda
no es social
es burguesa

**33**

No se aceptan devoluciones
Se aceptarán devoluciones de
productos defectuosos, al usted
comprar el artículo solo tendrá
7 días para devolverlo Deberá
presentar su recibo de compra
La mercancía deberá estar en
buenas condiciones los libros
no podrán estar escritos ni forra
dos Las cantidades pagadas por
aquellos productos que sean
devueltos a causa de algún
daño o defecto cuando real
mente exista serán reembolsa
das íntegramente en la forma
que efectuó el pago original o
se remplazara el artículo No se
aceptan devoluciones de revistas
libros en especial o productos di
gitales Los certificados de regalo
no se pueden cambiar por dinero
en efectivo No se hacen reembol
sos o ajustes de precios si el artí
culo es rebajado de precio por li
quidación

**34**

Finalmente psiquitrización
de las conductas reproductoras
de las mujeres sin los hombres
fiesta que duro todo una guerra
no una realidad por debajo de la mesa
las estructuras dejaron su dispositivo de sexualidad
pegado a la pared patógena
utilizando la genitalia de los niños
para tratar de recodificar
las obsesiones criminales de la
clase dominante

Necesidad-Pulso-Gobierno-Golpe-
Familiar-Los niños son definidos-Campo-
Alianzas-Trastorno-Ley-Sentido-Política-
Hipocresía-Hipocresía-Hipocresia-Sedentaria-

Finalmente psiquitrización
del secreto peligro
de las mujeres sin los hombres.

Finalmente psiquitrización
de la poesía.

El final de la mente:la psiquitrización.

**35**

] Su nombre

] Dirección astral

] Número sexual

] Razones para soñar

] Cualquier documento
 que desee lo destruiremos

] Razón de su tardanza
 para nombrar al asesino

] Recuerde Usted
 pierde
 pierde
 pierde
 pierde
 pierde
 pierde
 si desea que alguien
 lo represente


**36**

Quién era capaz de arrancar
de mí una sonrisa
certificada por el Departamento
de Estadistica?

Sólo la mentira de
tu amor podría-
dijo la poeta antes
de pegarse un balazo
en la cabeza.




**37**


Vivir, vivir
                    en los peligros
                    vivir desaforado
                    llorando universos destruidos
                    cenizas perdidas
                    corriendo por las aguas sin los ríos
                    los ríos del recuerdo sin olvido
                    y las crueles palabras exactas
                    retumbando salvajes en los oídos
                    de quien sólo suplica
                    una dosis eterna de silencio
                    silencio y nada más
                    que un silencio feroz, mortal
                    un silencio aciago
                    de caminos largos
                    como el beso
                    más amoroso de la nada
                    Vivir, vivir en los peligros

   demorando la entrada
   al indecible lugar
   donde el azar entronizado
   sincroniza los sucesos
   que mañana serán noticia
   en las cuatro esquinas del globo
   Vivir, vivir desnudo y perfilando
   la temprana silueta de la tarde
   cayendo como un grito
   en medio del silencio de los parques
   allí donde los jueces
   decretan los próximos suplicios
   a los nuevos inocentes
   esos ingenuos criminales
   amantes de lo oscuro
   descifrando jeroglíficos
   en los bosques
   donde se suicidan los miopes buhos
    de Minerva


Vivir, vivir sin destino o paroxismo
   extrayendole el sentido a los sentidos
   abriendo laberintos en las colchas
   hablando como hermanos con las conchas
   de las playas más lejanas
   de las arenas más humanas
   y de los amores dolorosos

y de los gemidos pudorosos de los montes
que nos esperan como dormidos ruiseñores
bajo los inverosimiles remolinos de las aguas
de las aguas del vivir
como tú y yo vivimos
sin saberlo



**38**


sincero

::::::::::::::::::::::::::::

en la habitación

::::::::::::::::::::::::::::::


recordar  recordar  recordar
e                 e
c      el      c
o     Mal    o
r                 r
d                d
a                a
recordar  recordar  recordar

olvidar olvidar olvidar

l            a

v    el     d

i            l

d    Bien   v

a           l

radivlo radivlo radivlo

:::::::::::::::::::::::::::::::

en la habitación

:::::::::::::::::::::::::

habitar el mal

deshabitar el bien

:::::::::::::::::::::::::::::

en la habitación

:::::::::::::::::::::::::::::

sin cero

en la habitación

habitar

:::::::::::::::::::::::

evitar

:::::::::::::::::::::::

una línea marca por donde
pueden pasar las cosas
otra marca por donde
desaparecen

el hueco
de alguna persona
se echa de menos
cuando el aire
contuvo profundidad

el profesional del vacío
saca filo muy agudo
al desaguar los recuerdos
de los vagamundos

en la habitación

::::::::::::::::::::::::::::::::::


habitalidad
habitable
habitáculo
habitante
habitar
hábito
habitual
habituar

en la habitación

::::::::::::::::::::::::::::

digo

aquello no fue más que

un pequeno inicio

de nulidad

yo no estaba hecho

para la lógica

el cielo siempre me

parecio una pesadilla

y la tierra un mar

no es nada fácil vivir

con tales ideas

la cultura se produce

en el interior de

un monstruo

la impotencia

siempre es lúcida

cuando descubres

el rito incomprensible

la desgracia que es respirar o

la presencia que desconcierta

en la habitación.

**39**

la vecina de alfrente es fascista

el vecino del lado es fascista

la vecina del piso de arriba es fascista

la vecina del piso de abajo es fascista

todos los vecinos del primer piso son fascistas

la reverenda de la esquina es fascista

la administradora es fascista

la junta de condomines son fascistas

la nueva vecina es fascista

el plomero no es fascista


**40**

desaguar uno perplejo

los labios despide un cuerpo

los ríos por donde se vacía una cosa

cualquier cosa que se inocula para

preservar la identidad

corre lo más esencial por el vaciado

la simpleza por donde corren las aguas

y hacen el amor los payasos

una venida formada en molde

una avenida formada en molde

en molde de musgo

en molde de muslos

un hueco formado en letra de molde

las letras del orden

el orden de las letras

el sentarse a hacer letras

letras en puro desorden

el espacio que no coincide con

ninguna otra materia

la gente que suele concurrir a

los funerales para reír

la vacuidad dícese se puede vahear

hay un vademécum para los que

se ríen en los encuentros con los

muertos

como  explorar la concavidad

de lo ajeno

cortada la soledad por cuatro

planos paralelos dos a dos

la bóvedad derretida por un beso

de alta temperatura

la bóvedad tiene nuestra misma edad

nuestra misma seriedad ante los sucesos

como algo que sale a las vacas en las tetas

cuando las casas sin habitantes comienzan

a andar por las calles

el gemido de las figuras de yeso

la literatura de yeso  en el beso

de alta temperatura que derrite

las bóvedas

que tienen nuestra misma edad

y nuestra misma seriedad ante los

eventos

como uno perplejo dos a dos

escribe en letra de molde

su propia sentencia de muerte

**41**

el vacíador vagabundea

el mundo se hace cada vez

más reja

el vacíador tiene algo en

la oreja

los vacíos buscan a un hombre

que los pueda llenar

los vacíos y el vacíador no

se llevan

hay muchos problemas

entre ellos dos

las mujeres no quieren

no quieren querer

no quieren llenar ningún vacío

sólo el vacío de los hijos

les apetece

los vacíos buscan a seres de

otros mundos

que los puedan llenar

el vacíador se dedica

a las bienes raíces

para dar buena cara

al mal tiempo

las mujeres se entretienen

haciendole magia negra

al patriarcado

los vacíos siguen vacíos

el mundo está a punto

de reventar

## 42

centella

zentella

dentella

ella ten zen

cen de ella en zen

ente ella

ya dente zen cen

en tella

tella tella  talla

calla talla

talla calla

en zen

en zen ella

en ser  ella

zen zen zen

ella halla talla

calla ralla malla

ella en ca cen

cen ca ella zen

nen en ya e ya

e ya e lla ca ya

en cayo en calla

calla yo ella

ella en yo

allá ca no en to

tenemos to

calla yo

en zen

ella

## 43

¿DE VERDAD LA JUVENTUD ESTÁ PERDIDA?

Agua Agua Agua Agua Agua Agua Agua Agua Agua
Agua Agua Agua Agua Agua Agua Agua Agua Agua
Agua Agua Agua Agua Agua Agua Agua Agua Agua
Agua Agua Agua Agua Agua Agua Agua Agua Agua
Agua Agua Agua Agua Agua Agua Agua Agua Agua
Agua Agua Agua Agua Agua Agua Agua Agua Agua
Agua Agua Agua Agua Agua Agua Agua Agua Agua
Agua Agua Agua Agua Agua Agua Agua Agua Agua

Agua Agua Agua Agua Agua Agua Agua Agua Agua
Agua Agua Agua Agua Agua Agua Agua Agua Agua
Agua Agua Agua Agua Agua Agua Agua Agua Agua
Agua Agua Agua Agua Agua Agua Agua Agua Agua
Agua Agua Agua Agua Agua Agua Agua Agua Agua
Agua Agua Agua Agua Agua Agua Agua Agua Agua
Agua Agua Agua Agua Agua Agua Agua Agua Agua
Agua Agua Agua Agua Agua Agua Agua Agua Agua

la fuente

está seca

Ver*** Entonces*** El reflejo***Dícese de los actos que obedecen la imagen***Modo de decir usando huecos***Que forma bajo el cuerpo un texto***


texto texteame

texto texteame

texto texteame

texto texteame

texto texteame

texto texteame

texto texteame

texto texteame

texto texteame

texto texteame

texto texteame

texto texteame

por favor

algo importante

¿DE VERDAD LA JUVENTUD ESTÁ PERDIDA?

agua radioactiva agua radioactiva agua radioactiva
agua radioactiva agua radioactiva agua radioactiva
agua radioactiva agua radioactiva agua radioactiva
agua radioactiva agua radioactiva agua radioactiva
agua radioactiva agua radioactiva agua radioactiva
agua radioactiva agua radioactiva agua radioactiva
agua radioactiva agua radioactiva agua radioactiva
agua radioactiva agua radioactiva agua radioactiva
agua radioactiva agua radioactiva agua radioactiva
agua radioactiva agua radioactiva agua radioactiva
agua radioactiva agua radioactiva agua radioactiva
agua radioactiva agua radioactiva agua radioactiva
agua radioactiva agua radioactiva agua radioactiva
agua radioactiva agua radioactiva agua radioactiva
agua radioactiva agua radioactiva agua radioactiva
agua radioactiva agua radioactiva agua radioactiva
::::: en el oceáno::::::

Descartes,Pascal,Newton,Leibniz,Euler,Lagrange,Comte,

Buchafar Mohamed Abenmusa Al-Jwarizmi

la extraordinaria ciencia
de los tamaños,
las formas,
los números,
las medidas,
las funciones,
los movimientos,
las fuerzas naturales

el-hadj jerife Alí Iezid Izz-Edim Ibn Salim Hank
Malba Tahan

En Bagdad, día 19 de la luna de ramadán de

la extraordinaria ciencia
que nos sirve para nada

Ncar Mesmeri

En San Juan, Puerto Rico 23 de noviembre de

Durante ocho días Ncar Mesmeri pronunció
414.720 palabras exactamente

De cartucho de fusil
los poemas de Ncar Mesmeri

Vagones
de pasajeros

hacia el Exterminio

Mixto de pasajeros
y equipajes con osamentas
dentro

Un furgón postal
sin sobres ni sellos

De carga
cerrado
el vagón
hacia la Nada

De carga
abierto
el vagón
de llanto pasajero


¿DE VERDAD LA JUVENTUD ESTÁ PERDIDA?

YO DIGO,QUIENES ESTÁN PERDIDOS SON LOS ADULTOS

Ncar Mesmeri ha muerto
Viva Ncar Mesmeri

**44**

Esclarecido

traeme

mi vida

a mi existencia

No te olvides,

Diablo,

Lucero,

Mi querido

concedeme

mi aquí en el ahora


**45**

lavatorio

amatorio

perpendicular

conciencia

oincidencia

oviducto

ovíparo

obnulación

limpiadientes

limpiasesos

limpiaabcesos

limpiatextos

limpiasexos

limpiapureza

etc

sentencia negativa

sentencia negativa

sentencia negativa

negativa

## 46

Admirador,Da

Adoptivo,Va

Adolorido,Da

Desmelazado,Da

Despachado,Da

Dilatativo,Va

Exagerativo,Va

Estricto,Ta

Extremo,Ma

Etc

Sentencia negativa

Sentencia negativa

Negativa extrínseca

Sentencia

**47**

Exultación

Exultar

Exvoto

Insultar

Ulular

Revoto

Repoyo

Ultación

Voto boto

Voto botex

Sultar

Sentencia

Tendencia

Me extravío

Me extravío

Me extravío

Gurrumino

Gurr

Gurrr

Gurrrr

Gurrrrr

Gurrrrrr

Gurrrrrrr

Gurrrrrrrr

Gurrrrrrrrr

Gurrrrrrrrrr

Gurrrrrrrrrrr

Gurrrrrrrrrrrr

Gurrrrrrrrrrrrr

Árbol bignoniáceo

Pesca

Barco de pesca de alta mar

Sistema de pesca eléctrica por succión

Pesquero

Manga de succion

Electrodos negativos o cátodos

Pescadilla

Pescantes

De coche

De barco

Me extravío

Me extravío

Me extravío

En alta mar

Glu Glu Glu

EL FUTURO SE REPITE
"Todo esto ha pasado antes"
EL PASADO SE SUICIDA

**48**     al amparo de

       velocidad nefasta

       las huellas son señales sin señas

       el ceño lleno de promesas reciénacidas

       como cáscara del futuro

       una boca que pertenece al codo

       el codo empinado

       la foto perfecta

       la llamada telefónica perfecta

   el desamparo se hace

     evidente a ciertas

     horas= raro sentir

  las paredes hablan

  las paredes hablandote

  te hablan las paredes

  pero no sabes que dicen

       las paredes dicen lo que nadie

       sabe

       lo que nadie sabe está en el aire

       en el aire que respiras

   el amparo se disuelve

  ahora es un ampolla en el antebrazo

  una idea que da vueltas en tu cabeza

  y no te deja dormir

  no te deja pensar en otra cosa

   que no sea ¿     ?

todos saben lo que es ¿     ?

  menos tú

**49**

gremios
los
persecuciones
en
secuencias
las
consecuencias
de
las
persecuciones
en
secuencia
   gremios los= genios
   yo he contado atado a
  las consencuencias
  las secuencias
 con el rigor de todas las ciencias
 con el mentir de todas las ciencias
todas las ciencias
los
accidentes
los
dientes de
los
accidentes
los

accidentes de
la mente
      yo vi como mataron a tanta gente
      fue delicioso
todas las ciencias se convirtieron en una
sola ciencia
la ciencia del exterminio
      fue grandioso
una explosión nunca antes registrada
produjo orgasmos múltiples en algunas
luego hicieron una película
éxito de taquilla
y nada más que contar
excepto los fantasmas que algunas
noches vienen a visitar a
los héroes de la ciencia


## 50

Segundos antes de la catástrofe
Ncar Mesmeri preguntaba Qúe busca Tito?
La operación desecativa
La necesidad de desgranar la realidad

      a quién sacaremos de su jaula hoy?
      a quién le limpiaremos el culo con una
      curva?

    limpiadientes
    limpiasesos
    limpiaabceso
    limpiatextos
    limpiasexos
    limpiapureza
    etc
 los excesos de la nazlimpieza están
 debidamente documentados
 lo que no sale en los archivos
 por ninguna parte es Qué busca Tito?

Ncar Mesmeri se prepara a desenladrillar
un edificio gubernamental barnizado con
caca humana

 el error no quita esperanzas
 subraya esperanzas
 el error quita las baldosas del sueño
 el terror le gusta esparcirse entre los errores
 que la mayoría acepta como verdades
 el pueblo no es sabio
 el pueblo aparta de sí una cosa
 el pueblo no admite el temor
 el temor de estar equivocado
 en creer en que todo aquello
 era cierto
 los lazos que matan
 los lazos que matan

los lazos que matan

mañana serán flores baratas

en el cementerio

el pueblo confunde= se funde=

una cosa con otra

        no hay tiempo

        tiempo no hay

        no hay tiempo

        tiempo no hay

        tiempo no hay

        tiempo no hay

        no hay tiempo

Los leones hacen el amor

bajo los postes de alumbrado

Los leones hacen el amor

bajo los postes de aiumbrado

La noche se desmaya

La noche se desmaya

La noche se desmaya

        corajina corijina la nada

        la nada compila

        las preguntas necesarias

La oscuridad pregunta Qúe busca Tito?

La hermana de Tito pregunta Qué busca Tito?

La CIA pregunta Qué busca Tito?

La FBI pregunta Qué busca Tito?

La policía de Puerto Rico pregunta Qué busca Tito?

Ncar Mesmeri engrosa la fila de los desaparecidos

Una criatura informe informa sobre los últimos incidentes

Mentira absoluta

El engrudo sabe rico

El aderezo de la muerte no necesita rezos

El Kremlin se pregunta Qué busca Tito?

De cartucho fusil es la poesía real boricua

"Mi mentalidad cambio"

"Mi mentalidad cambio"

"Mi mentalidad cambio"

" Y mi sexualidad tambíen"

"Ahora me siento bien chévere"

"Pero me pasa lo mismo que a Ncar Mesmeri"

"Por las noches me pregunto Qué buca Tito?"

**51**

¿Qué busca Tito?

¿Qué busca Tito?

¿Qué busca Tito?

¿Qué busca Tito?

¿Qué busca Tito?

¿Qué busca Tito?

¿Qué busca Tito?

¿Qué busca Tito?

¿Qué busca Tito?

¿Qué busca Tito?

¿Qué busca Tito?

¿Qué busca Tito?

¿Qué busca Tito?

¿Qué busca Tito?

¿Qué busca Tito?

¿Qué busca Tito?

¿Qué busca Tito?

¿Qué busca Tito?

¿Qué busca Tito?

¿Qué busca Tito?

¿Qué busca Tito?

¿Qué busca Tito?

**52**

qué busca tito

qué busca tito

qué busca tito

qué busca tito

qué busca tito

qué busca tito

qué busca tito

qué busca tito

qué busca tito

qué busca tito

qué busca tito

qué busca tito

qué busca tito

qué busca tito

qué busca tito

———————————

qué busca tito qué busca tito

qué busca tito qué busca tito

qué busca tito qué busca tito

qué busca tito qué busca tito

qué busca tito qué busca tito

qué busca tito qué busca tito

qué busca tito qué busca tito

qué busca tito qué busca tito

qué busca tito qué busca tito

qué busca tito qué busca tito

qué busca tito qué busca tito

qué busca tito qué busca tito

qué busca tito qué busca tito

qué busca tito qué busca tito

qué busca tito qué busca tito

qué busca tito qué busca tito

───────────────────

qué busca tito qué busca tito qué busca tito

qué busca tito qué busca tito qué busca tito

qué busca tito qué busca tito qué busca tito

qué busca tito qué busca tito qué busca tito

qué busca tito qué busca tito qué busca tito

qué busca tito qué busca tito qué busca tito

qué busca tito qué busca tito qué busca tito

qué busca tito qué busca tito qué busca tito

qué busca tito qué busca tito qué busca tito

qué busca tito qué busca tito qué busca tito

qué busca tito qué busca tito qué busca tito

qué busca tito qué busca tito qué busca tito

qué busca tito qué busca tito qué busca tito

qué busca tito qué busca tito qué busca tito

qué busca tito qué busca tito qué busca tito
qué busca tito qué busca tito qué busca tito
qué busca tito qué busca tito qué busca tito
qué busca tito qué busca tito qué busca tito
qué busca tito qué busca tito qué busca tito
qué busca tito qué busca tito qué busca tito
qué busca tito qué busca tito qué busca tito
qué busca tito qué busca tito qué busca tito
qué busca tito qué busca tito qué busca tito
qué busca tito qué busca tito qué busca tito

———————————————

qué
    busca
        tito
qué
    busca
        tito
qué
    busca
        tito
qué
    busca
        tito
qué
    busca
        tito

       qué
           busca
                   tito
       qué
           busca
                   tito
       qué
           busca
                   tito

_____

qué

busca

tito

qué

busca

tito

qué

busca

tito

qué

busca

tito

qué

busca

tito

qué

busca

tito

qué

busca

tito

qué

busca

tito

---

qué qué qué qué qué qué qué qué qué qué qué
qué qué qué qué qué qué qué qué qué qué qué
qué qué qué qué qué qué qué qué qué qué qué
qué qué qué qué qué qué qué qué qué qué qué
qué qué qué qué qué qué qué qué qué qué qué
qué qué qué qué qué qué qué qué qué qué qué
qué qué qué qué qué qué qué qué qué qué qué
qué qué qué qué qué qué qué qué qué qué qué
busca busca busca busca busca busca busca
busca busca busca busca busca busca busca
busca busca busca busca busca busca busca
busca busca busca busca busca busca busca
busca busca busca busca busca busca busca
busca busca busca busca busca busca busca
busca busca busca busca busca busca busca
busca busca busca busca busca busca busca

tito tito tito tito tito tito tito tito tito tito tito tito tito tito
tito tito tito tito tito tito tito tito tito tito tito tito tito tito
tito tito tito tito tito tito tito tito tito tito tito tito tito tito
tito tito tito tito tito tito tito tito tito tito tito tito tito tito
tito tito tito tito tito tito tito tito tito tito tito tito tito tito
tito tito tito tito tito tito tito tito tito tito tito tito tito tito
tito tito tito tito tito tito tito tito tito tito tito tito tito tito
tito tito tito tito tito tito tito tito tito tito tito tito tito tito

    tito busca a petra

**53**

petral

petra

petrel

petra

pétreo

petra

pétrea

petro

pretificación

petra

petrificar

petra

petróleo

petra

petrolero

petra

petrolera

petra

petrolífero

petra

petrolífera

petra

petra todo

todo petra


## 54

Medusa y su evolución

Larva ciliada

La larva se fija en el fondo

De la larva brotan tentáculos

La larva se ha dividido en muchos
　　estratos.Cada uno de ellos es
　　una medusa joven que se va
　　separando del resto.

Medusa adulta

Medusa medioeval

Medusa meditabunda

Medusa médium

A quien pueda interesar:
Yo mate a ocho fascistas
                Ncar Mesmeri
Medusa revolucionaria

## 55

Melodrama mefítico
Melanita mefistofélica
Lo melancólico alcóholico
Comerás mucho melisa
Comerás melisa sin megalomanía
Comerás melisa con megatón
En medianoche medicada
Melisa comerás pensando
En la revolución
El mejoramiento de nuestra vida
Dependerá en comer melisa
Melisa melodiosa por megáfono
Melisa diosa melosa melenuda
Contagiosa aromática pulposa
Toronjil toronjil en todas las cosas
De las cuales todavia guardo memoria

## 56

canto de chasco

no me importan las estridencias

cantal cantar con cantaleta

canta la aleta cantable alerta

abjuro de toda armonía

abjuro de toda armonia

por ahí viene la policía

los estándares de belleza

no deberían existir

chasco de canto

rasco de canto

raso de canto

de canto raro

raro

raro

me siento raro

me siento raro

me siento raro

me siento raro

raro canto

cantal candoroso

cantal no es cantar

cantar no es candal

cancerar el canto

cancerbar la cantaleta

la aleta canta cual atleta

del canto= confesar no

es descubrir las pruebas

que puede contener un

cántaro lleno

un cántaro lleno roto

cada vez me siento

más raro

más raro escribiendo

escribiendo raro

raro

raro

raro

sobre lo que no canto

soy silencio canoro

mi canto es canoso cansancio

y le doy un punetazo

a la pared cuando pienso

escribir sobre la cantaleta

que es vivir

cantarín

entre candados y

candidaturas a gobernador

de este cansino país

puerto rico

los estándares de belleza

no deberían existir

aplica eso a la poesía,compay

la cantaleta continua como

cantata de cantatriz

el cante de la cantaleta

no tiene fin

abjuro de toda armonía

abjuro de toda armonía

por ahí viene la policía

los estándares de belleza

no deberían existir

aplica eso a la poesía ,compay

## 57

Canguro con su cría

Canilla para cubas

Canoas

Canadiense

Motora

Cantárida

Cántaro

Candado de cifras

Canelo

Cangrejos

De mar

De río

Motora

Canelo

Canadiense

Cantárida

Herida

Antartica

Canilla para cubas

Cubos de basura

Canguro con su cría

De mar

De río

Candado de cifras

Cifras

De río

De mar

De risas

Motora

Motor

Ahora

Canelo

Prisionero

Canadiense

Liliputense

Canilla para cubas

De mar

De rosas

De ríos

De prisa

De risas

Cántaro

Cangrejos

Eros

De motora

De motor

Canelo

Pelo

Canguro con su cría

De río

De mar

De amor

## 58

agua agua agua agua agua agua agua agua agua

tierra tierra tierra tierra tierra tierra tierra tierra

sol sol sol sol sol sol sol sol sol sol sol sol sol sol

piedra piedra piedra piedra piedra piedra piedra

lluvia lluvia lluvia lluvia lluvia lluvia lluvia lluvia lluvia

cambio cambio cambio cambio cambio cambio

golpe golpe golpe golpe golpe golpe golpe golpe

papá papá papá papá papá papá papá papá papá

ataúd ataúd ataúd ataúd ataúd ataúd ataúd ataúd

alegría alegria alegría alegría alegría alegría alegría

**59**

me siento raro

me siento raro

me siento raro

me siento raro

me siento raro

me siento raro

me siento raro

me siento raro

me siento raro

me siento raro

me siento raro

me siento raro

me siento raro

me siento raro

me siento raro

me siento raro

                              sentirse bien es

                              un lujo burgués


**60**

Te voy a romper la cara

Te voy a romper la cara

Te voy a romper la cara

Te voy a romper la cara

Te voy a romper la cara
Te voy a romper la cara
Te voy a romper la cara
Te voy a romper la cara
Te voy a romper la cara
Te voy a romper la cara
Te voy a romper la cara
Te voy a romper la cara
       Amor

## 61

En el amor a veces puede
haber problemas técnicos-
dijo la Profesora de Biología
antes de tirarse del balcón
del piso 13

## 62

Al fin     el fin
Al fin     el fin
Al fin     el fin
Al fin     el fin
   el fin  el fin
            el fin
NADA  el fin
           al fin

**63**

"Hola,buen día ,cómo estás?"

"Estoy bien.más o menos,acá
empezó el frío y me pone peor
de la alergia."

"Cómo te fue con el nuevo partido-latido?"

"Cuídate,aquí también hace un poco
de frío.
No está en el titular."

"Hola,buen día,ola.cómo estás?"

"Estoy bien.más o menos,acá en el
mar empezó el frío
y me pone peor la alergia
a las algas."

"Cómo te fue con el nuevo partido?"

"Cuídate,ola,aquí en el monte
también hace un poco (polo) de frío.
No está en el titular.
      Titular.
      Palpitar.
      Titubear."

"He muerto mucho antes
de nacer"-dijó Ncar Mesmeri
a la pared.


## 64

Volver.Escapar.Del azar.
Remar. Mar.Mar.Mar.Mar.
Rema.Rema.Rema.Rema.
Marea.Marea.Rea.Rea.Idea.
Papel.Sed.Voluntad.Escapar.
Capar.Capar el azar.Raza capar.
Raza de mar.El mar de la raza.
El mar arrasa.Arrasa con todas
las razas.Razas de Azar.Azar tu
raza.Volver a casa.Volar.Rea.
Rea.Rea de una idea.Idea remar
contracorriente.Sentir lo que se
siente.Se siente al escapar.Sentir
la suerte.La sed en el cristal.El
crimen ancestral.Matar.Matar.Matar
la sed.La sed matar.Molotov.El mar
de molotovs.Bailar.Bailar.Bestial.
Bailar bestial.Remar sin remos.
Quemarlo todo.Quemar al mar.
La casa del Sistema quemar.
La silla del Sistema quemar.
Al Sistema Solar quemar.Ahora.

La misión del poeta es destruir
la Civilización Occidental.Ahora
mismo.


**65**

Ella dijó:

Él dijó:

Ella dijó:

Él dijó:

Ella dijó:

Él dijó:

Ella dijó:

Él dijó:

Ella dijó:

Él dijó:

Ella dijó:

Él dijó:

Ella dijó:

Él dijó:

Ella dijó:

Él dijó:

**66**

quiero tus omoplatos

quiero tu utopía

quiero tu batería

quiero tu pesadilla

quiero tus larvas

quiero tu molar

quiero tu vastedad

quiero tus muecas

quiero tu soledad

quiero tus piernas

quiero tu danza

quiero tu glucosa

quiero tus glúteos

quiero tus ojos

quiero tu laringe

quiero tu médula ósea

quiero tu ventrilocuo izquierdo

quiero tu hedor

quiero tu pubis

quiero tus manchas

quiero tus cicatrices

quiero tus cejas

quiero tus piernas

quiero tu soledad

quiero tu verguenza

quiero tu boca

quiero tus nalgas

quiero tu filtrum

quiero tu fiat

quiero tus orejas

quiero tus nalgas

quiero tus pantallas

quiero todos tus pantis

quiero tus brincos

quiero tus gritos

quiero tus trompas de falopio

quiero tus placas de pecho

quiero tu aorta

quiero tus venas suprahepáticas

quiero tu glándula pineal

quiero tus costillas

quiero tus cosquillas

quiero tus ojuelos de venus

quiero tus molares

quiero tu perico

quiero tus libretas

quiero tus cuentas

quiero tus vasos

quiero tus años

quiero tus daños

quiero tus cantos

quiero tu baño

quiero tu orin

quiero tu caca

quiero tu pan

quiero tus piedras

quiero tu tierra

quiero tu cielo

quiero tu mar

quiero tus mareos

quiero tu suavizador

quiero tu sangre

quiero tu h2o

quiero tu danza

quiero tus verbos

quiero tus bolsas de hielo

quiero tu perfil en facebook

quiero todo lo tuyo

quiero tu masa encefálica

quiero tus besos

quiero tus huesos

cuando estes muerta

## 67

el pulso ]  el mundo] la sonrisa imarcesible]

el inmar] lo cesible] la basura que preserva

la libertad de un organismo]  la piorrea que es

la poesía ] la poesía pulso --pulso del mundo--

la poesía al uso de todo el mundo-- el uso de

la poesía por todo el mundo-- la poesíaespía

--la poesíaespía que espía a todo el mundo--

todo el mundo es un espía de la poesía ]  el

mundo es una poesía que a todos espía


( mi papá era espía de la kgb
　mataba con los pies )


la piorrea + la piorrea+la piorrea+la piorrea

el pulso quiero decir oscuro de las cosas

de todas las cosas de este mundo que nos

toca vivir ] esta nave sin piloto lógico ] esta senda

donde se entrenan los niños del asco ] ese asco

que vuela en boca de las aves cruzando el mundo

de continente a continente ]  esos entes que dentro

de mí llevo como piedra de epidermis ] pigmento

de tenazas en la sangre ] una ponzoña portentosa

en la siniestra --para cuando acabe la posguerra

del amor ] como una consonante lingual = o una

fotografía de alguien cualquiera= cualquier es alguien

cuando tú eres nadie= he sido testigo de los escaparates

de las tiendas ( he intentado escapar del arte de mi época)

Ncar Mesmeri es nadie= nadie es Ncar Mesmeri=como

Ncar Mesmeri no es Roberto ni Tito= como todos somos

Tito cuando Tito busca a Petra=


  ) cuando Tito busca a Petra
    la lucha de clases aumenta
    y el mundo revienta (


es como hacer un Performance diciendo
en apretado espacio público
mientras una mujer desnuda camina
con una a.t.h. en la boca a todo estro
tú vas éterico voz alta rara diciendo
Labor,,,laberinto,,,labriego,,,libación,,,liberal,,,
libro,,,lobo,,,lóbrego,,,lóbulo,,,

//// hasta que GRITAS///

¡¡¡¡¡¡¡ COÑO ESTO ES PUERTO RICO !!!!!!!!!!!!

y con esto quiero decir

ESTO ES TODO EL FOKIN MUNDO

lo liberal sólo está en los libros

la realidad es el fascismo


como por ejemplo: Escribir, concebir,

describir,suscribir,prohibir,etc.

( mi papá se hizo pasar por hitlereano
   pero era espía de la kgb )

Stalin me enseñó a bailar la Perestroika.

el pulso del mundo depende de la geo(grafía)


la piorrea # la piorrea # la piorrea # la piorrrea

de la poesía acaba con cualquiera


los leones copulan

bajo los postes de alumbrado


los leones copulan

bajo los postes de alumbrado

los leones copulan

bajo los postes de alumbrado


todos los 5 de marzo

Ncar Mesmeri lleva flores rojas

a la tumba de su padre

en el cementerio del Viejo San Juan


ya acabo la posguerra

el pulso del mundo está "normal"


los leones copulan

bajo los postes de alumbrado

cantando la Internacional.



## 68

sosiego invariable   la necesidad   representar

                                  el tao de la nada

                                  la nada del tao

                                  los tildes del caos

la helgadura de una boca   que     nos recuerda a un   girasol   la

imagen de un túnel   tumbado  en el interior  de   un   pasadizo que

  no lleva a ninguna parte   como

                                  es difícil saber a veces

                            para qué sirve respirar
            nada es inocuo en realidad
            todo es programable
amar es vivir dentro de un líquido amniotico
creyendolo lluvia reciéncaída del cielo que
                            nadie ha visto jamás
            el candor de los cuerpos
            sin materia
                    puede marchitar
                el ideal de cualquiera
hay  una quebradura    en todo quicio   que anuncia
        el fin del universo
  el corazón es una púa revoltosa
                            oculta en cada cosa
        llamada desesperación               proteína de
                        los sueños
                    que de niños pisciformes
                            soñamos
    al pie de las
                piramides   de
                    carne humana
                            como
movimiento de gente apiñada
                    a la hora de la mantanza
    justo
            antes   de   la
                    caída cariñosa del sol

# 69

Agrietado pensamiento

                la voragine del tiempo chupa

                la responsabilidad del deseo exprime

alguien entonces escribe en la pared

                un texto invisible

                que solo mis ojos pueden ver

        la sensación

        de que tu cuerpo

        es una prisión

        que abarca a todo el universo

                    las manos son rejas

                      que evitan el mínimo

                      contacto con la realidad

  o sea

        no importa

        lo que que que que que que que

pasé

      nada nada nada nada nada nada nada nada

está

      pasando

          ...... son sólo mesmerías (miserias) de tu mENTE

    el ENTE instante que mueve a los animales

                    a REALizar ALGO

los animales=tú

        que te hallás en medio de dos subconciencias

        buscando la sonda espacial que traspaza los

                    los límites de la galaxia
] no imites a la baba astral
]no seas astral baba de nadie conocido
]no seas lo conocido por la baba de alguien importante
]no seas importante para nadie en ningún lugar del universo
""""""""""""""""""" Desayuna fuerte antes de dejar de existir Mai
            decía en la genocida mañana boricua,,,,,,,,,,,,,
NO seas galaxia de una niña rica con ombligo artificial
de comunista barata::::::::::::::::::::::::::::::::::::::::::::::::::::
EL PSIQUIATRA FREUDIANO DIJO HAN SURGIDO
FRICCIONES ENTRE MADRE E HIJA
buscaban otra manera de ganarse los frijoles
entre los gritos y los golpes se perdieron los
boletos ganadores de la loto
AGRIETADO PENSAMIENTO se hizo cargo
de los gastos del funeral
Alguien escribió A las jirafas de la sabana
se le pegarón las sábanas y llegaron tarde
entonces empezaron a llover textos de todo tipo
del cielo que nadie jamás ha visto
Mai murmuró las vacaciones me han sabido a poco
      o sea = a mierda
Entonces alguien escribió La enciclopedia aspira a
reunir toda la sabiduría con sabor a sexo
:::::::::: Mai me susurró al oído- Toda la sabiduría
        del mundo no te hará feliz::::::::::::::::::::::::::::
la voragine del tiempo chupa
la voragine del tiempo chupa

                                    agrietado pensamiento
EL PSIQUIATRA JUNGIANO DIJO TODA LA LADERA
ESTÁ PLANTADA DE VIDEOS PORNOGRAFICOS
Alguien escribió Su hijo es su viuda
    pero le faltan dos aciertos
    para ser feliz---
No importa
el cuerpo siempre será
una prisión que abarca
todo el universo dijo Mai
antes de morir
luego de matar
al escribiente
  ---

    "la responsabilidad del deseo nos exime
     de toda moralidad"


   o


    " la erótica del poder suplanta
     cualquier textualidad"

A Mai siempre le gustó
matar a tipos inteligentes

++++++++++++++++++++

*Roberto NET CARLO (Mayaguez, Puerto Rico 1954). Ha publicado tres libros: "Al Borde de un Silencio", ed. Corsario, "Arte en Vivo y en todo Color" de poesía visual, colec. Maravilla, y "Libro Ncarista", Luna Bisonte Prods. Sus poemas figuran en varias antologías y revistas internacionales. Tiene una vasta obra inedita esperando la critica de las polilllas como dice su amigo Carlitos. Puede ver su obra en Roberto Ncar, facebook.*

**LUNA BISONTE PRODS**
*Publicado el 24 de septiembre de 2020*

# LIBRO NCARISTA

## Por Roberto Net Carlo

*Poesía y poesía visual*
*en Español, 147 páginas*

Roberto Net Carlo (Mayagüez, Puerto Rico 1954). Poeta y artista que propaga su obra extensa y alucinante como Roberto Ncar en Facebook, es un "vallejiano urbano" según Rafael Acevedo. Sobre Ncar, dice Ana Lindner: "Tratando de establecer un orden en su propio caos existencial, convida vida a esta conjunción de imagen y palabra, entre la realidad contextualizada y el lenguaje pérfido en su función expresiva: logra, así, una poética mordiente mediante la reelaboración permanente de nuevos dispositivos poéticos puestos en la escena de lo cotidiano." Una cotidianidad que incluye una visión aguda de los estragos del colonialismo en su tierra natal. El libro incluye algunos poemas visuales.

Encuéntrelo en el sitio web del editor:

https://www.lulu.com/spotlight/lunabisonteprods

www.ingramcontent.com/pod-product-compliance
Lightning Source LLC
Chambersburg PA
CBHW060205050426
42446CB00013B/2997